MICHAËL DE LACOUR EQUES

LE TRIOMPHE DES RELIGIEUSES ; OU LES NONES BABILLARDES.

A CONGO,
Chez Monomotapa ; au Perroquet.

MDCCXLVIII.

LES NONES
BABILLARDES.

LES NONES BABILLARDES.

PREMIER ENTRETIEN.

SŒUR AGNE'S, SŒUR JULIE.

AGNE'S.

BON jour, Sœur Julie, comment te porte-tu ? Que tu me parois changée ! quelle tristeſſe régne ſur ton viſage ! eh ! mon Dieu, qu'aurois-tu ? je t'ai vûë tantôt à l'Office plongée dans une profonde rêverie.

JULIE.

Ah ! ma chére Agnès, que je ſuis ravie de te rencontrer ! depuis deux heures je te cherche : j'ai une impatience extrême de t'ouvrir mon cœur, & comme tu es la meilleure de mes amies, ce n'eſt qu'à toi ſeule que je veux confier un ſecrêt qui m'eſt de la derniére importance.

AGNE'S

Je ſuis ſenſible, à la confiance que tu me marques ; je puis bien t'aſſûrer que j'en ai une en toi ſans égale, & je ne déſire rien tant que de te rendre ſervice. Je ſuis prête à t'écouter. Commence à me découvrir un cœur qui me ſemble n'être pas tranquile. Ne ſeroit-ce pas l'amour qui voudroit s'en rendre maître, & ce petit audacieux te ſeroit-il venu bleſſer malgré les murs & les grilles qui nous environnent ? Mais tu rougis ! qui peut te causer tant d'émotion ? parle, ma chere, & ne me cache rien.

JULIE.

Ah ! Agnès, tu ne dis que trop vrai : ſi tu ſavois le trouble qu'il me cauſe depuis quelques jours, tu me plaindrois, & tu me trouverois la fille la plus digne de compaſſion. Je ne ſai ce que je deviendrai, ſi tu ne m'aides de tes avis.

AGNE'S.

Eh ! mais encore, qui peut te rendre ſi inquiéte & ſi embarraſſée ? Allons, allons, dépêche vîte, parle, faut-il que je t'interroge ? je me doute, & je ſuis preſque certaine de ce qui t'agite ſi fort.

JULIE.

Mon Dieu, que tu es preſſante ? je ne ſai par où commencer.

AGNE'S.

Vraiment voila bien des façons pour rien ; n'a-t-on jamais été sensible ? ce frere Côme, qui est le Chirurgien de la maison ne seroit-il point celui qui ta sçû charmer ?

JULIE.

Hélas !

AGNE'S.

Courage voilà un soûpir qui commence bien, il signifie beaucoup. Continue, il a fait la moitié du chemin.

JULIE.

Je l'avouë, ma chére. C'est ce même frére, c'est lui qui cause toutes mes allarmes. Je ne veux plus te rien cacher ; eh bien, saches que je l'aime comme on n'a jamais aimé. La premiére fois que je le vîs, ce fus chez Madame l'Abbesse ; tu sçais qu'il est fait pour donner de l'amour à la plus insensible.

AGNE'S.

Il eſt vrai ; & je te jure que ſi tu n'étois pas mon amie, comme tù l'es, je tâcherois de te l'enlever ; c'eſt le plus beau garçon que j'aie vû, & qui m'a la mine d'être bon mâle.

JULIE.

Comment ? tu es connoiſſeuſe !

AGNE'S.

Je n'ai jamais connu d'homme ſi bien proportionné dans ſes membres ; à peine a-t-il vingt-quatre ans, il eſt fait à peindre, & la couleur dont il eſt, fait augurer très-avantageuſement pour ſa vigueur dans les combats amoureux.

JULIE.

Ah ! ſœur Agnès, vous penſez trop malicieuſement. Je vous jure que je n'ai pas encore fait attention à la derniére perfection que vous lui trouvez ; ne croiez pas que la ſenſualité ſoit le motif qui m'engage à l'aimer, je suis délicate sur ce point.

AGNE'S.

Vous êtes une dissimulée, sœur Julie. N'importe ; continuez ; un peu d'un, un peu d'autre, cela fait qu'il ne vous est pas indifférent.

JULIE.

En vérité ce que tu me dis-là, me chagrine. C'est ce que tu connoîtras aisément dans ce que je vais te dire, pour te mettre au fait. Il faut que je te raconte comment l'amour s'est emparé de nos cœurs. Il est constant que la sympathie a fait naître l'heureux rapport qui se rencontre dans nos humeurs.

AGNE'S.

Ce qui est fort rare dans les inclinations. Nous voyons souvent une personne jolie, aimable, & qui nous plaît ; parce que nous l'aimons, nous nous imaginons qu'elle doit être éprise de nous de même, tandis qu'elle ſoûpire en ſecrêt pour un ingrat qui la mépriſe, & languit pour une autre cruelle : effet ordinaire des caprices de l'amour, & qui cauſe tant de paſſions malheureuſes de part & d'autre. Mais quelle félicité au contraire, lorſque les deux ames ſont d'intelligence, & que le ciel les a deſtinées pour ſe procurer mutuellement les parfaites douceurs de l'amour !

JULIE.

Ce ſont ces douceurs auxquelles j'aſpire, mais que je crains de goûter.

AGNE'S

Tu ne raiſonne plus pour le coup, ma chere Julie ; explique toi mieux, ſi tu veux que je t'entende.

JULIE.

Pour m'entendre, écoute-moi ſans m'interrompre. Si-tôt que je vis le frére Côme pour la premiére fois, je ſentis un je ne ſai quoi, qui me ſurprit ; je fûs dans une émotion étonnante , & l'inſtant de ſa vûe fût celui de la perte de ma liberté. Lui m'a dit depuis qu'il avoit ſenti les mêmes éfets à mon premier abord ; il brûla pour moi auſſi-tôt ; nos yeux furent les fidelles interprêtes de ce qui ſe paſſoit dans nos cœurs ; je ne ſavois comment faire pour lui parler ; de plus j'avois mille précautions à prendre pour empêcher que nos ſœurs ne s'apperçûſſent du penchant que j'avois pour lui : enfin l'amour me ſuggéra un moïen pour le voir , auquel tu ne croiras jamais que j'aie pû penſer. Je feignis d'être indiſpoſée , & je démandai le Chirurgien, diſant qu'une ſaignée me ſoulageroit ; que quelque-choſe que tu ſais bien ne paroiſſoit point , & que cela me cauſoit des douleurs d'eſtomac & des maux de tête continuels. Sans trop éxaminer la vérité , la Mére des Novices , qui me chérit beaucoup, dit qu'il ne falloit point différer, qu'elle en connoiſſoit la conſéquence, & qu'une ſaignée m'étoit abſolument néceſſaire. C'étoit ce que je demandois. On fût avertir frére Côme, que l'Amour conduiſit, & porta ſur ſes aîles. On l'introduiſit dans ma chambre ; il me demanda quel étoit mon mal, me tâta le poux qu'il trouva extrêmement émû, (en effet il l'étoit terriblement.) Ma ſœur, me dit-il, vous avez beſoin de repos, & je prévois que cela ne ſera rien. Mais, lui dit la Mere Frédégonde (qui étoit accouruë pour tenir la chandelle) ne feroit-il pas à propos de lui tirer une petite palette de ſang ? Oh ! gardez-vous-en bien, repliqua-t'il, nous exciterions les humeurs ; que ma Sœur garde pendant quelque tems la chambre, & voilà tout ce qu'il lui faut : demain je lui apporterai quelque choſe qui la ſoulagera beaucoup. La bonne

Frédégonde voyant qu'on ne me ſeiſgnoit pas, s'en fut à ſon miniſtere, n'étant plus néceſſaire, & nous laiſſa ſeuls. Auſſi-tôt qu'il fut tête à tête avec moi, il ſe jetta à genoux au bord de mon lit, & me regardant avec des yeux pleins d'amour, il me fit la déclaration la plus tendre de tout ce qu'il ſentoit pour moi. Il s'exprima noblement & dans des termes qui ne ſentent point l'homme d'Egliſe. Je t'avouerai que je ne pus me défendre contre tant d'ardeur; il tira ſans peine l'aveu de mon penchant pour lui, & après un quart d'heure d'entretien il s'en fut. Tu ne ſçaurois croire le plaiſir que je reſſentis de me ſçavoir aimée autant que j'aimois (c'eſt le plus grand bonheur des Amans.) La nuit me parut d'une longueur inſuportable, & j'attendis le jour avec une impatience extrême; je ne fermai l'œil que pour tomber dans les ſonges les plus raviſſans ; enfin le jour vint, & mon Amant ne tarda point à me venir faire un nouvel hommage de ſon cœur. Il entra dans la chambre ſur les huit heures ; dans ce tems les Dames étoient au Chœur, perſonne n'étoit reſté auprès de moi, parce qu'on voyoit que ce n'étoit qu'une légére indiſpoſition. Je le priai de s'aſſeoir auprés de mon lit, il me demanda comment j'avois paſſé la nuit ; je le ſatisfis ſur toutes ſes queſtions. Je ne tardai point à rapeller la tendre converſation que nous avions eüe la veille, ce fut là qu'il acheva de me vaincre. Il me plut à un point que je ne ſaurois dire ; il a de l'eſprit comme un ange, il eſt fort amuſant, il a la voix fort jolie ; il me chanta vingt chanſons toutes plus agréables & plus picquantes les unes que les autres. Il y en avoit même de ſa compoſition, que les plaiſirs & le badinage ſembloient lui avoir inſpirées ; mais la derniére qu'il me montra étoit parfaite ; c'étoit une déclaration d'amour la plus vive & la plus ſpirituelle. La voici :

Si de tes traits juſqu'à ce jour
Mon ame s'étoit garantie ,
Je n'en ſuis plus ſurpris , Amour,
Je n'avois pas vu Julie.

De tems en tems il prenoit une de mes mains qu'il portoit avec tranſport ſur ſa bouche , il la ſerroit entre les ſiennes ; cela étoit accompagné de tant d'aſſurances de ſa fidélité , que je ne pus réſiſter à cet invincible penchant qui m'entraînoit vers lui ; je lui découvris ſans réſerve la violence de l'amour qui me dévoroit depuis le moment que je l'avois vu , & nous nous jurâmes une conſtance éternelle. Les diſcours paſſionnés que je lui avois tenus l'avoient rendu plus entreprenant ; il étoit dans l'agitation la plus vive. Ah ! ma chere Julie, me dit-il en m'embraſſant, que nous allons être heureux ! Je ne vivrai plus que pour vous, je mépriſe à préſent les vaines grandeurs du monde, je me trouve le plus fortuné des mortels, puiſque je ſuis aimé de la plus charmante perſonne de la terre. En finiſſant ces mots, il ſe jetta à mon col, & me ſerra étroitement entre ſes bras. La pudeur cependant vouloit que je le repouſſaſſe : auſſi le fis-je, mais ſi foiblement, qu'il s'apperçut bien que ce n'étoit que par bienſéance. Je détournai mon viſage pour ne pas recevoir le tendre baiſer qu'il me voloit donner, mais en me retournant, je ne ſçai comme il fit, je ſentis ſa bouche collée contre la mienne : un feu ſubtil alors ſe gliſſa dans mes veines, je n'en pouvois plus, je ne me connoiſſois plus, & j'aurois infailliblement perdu toute retenue, lorſque nous entendîmes du bruit. C'étoient les Dames qui ſortoient du Chœur. Il ſe retira promptement de deſſus moi. Oh Dieu ! qu'il étoit beau dans cet inſtant ! Un coloris de roſes régnoit ſur ſes joues, ſes yeux étoient vifs & perçans, & mille traits amoureux en partoient qui m'enchantoient. Pour moi, j'étois dans un trouble inexprimable : je me ſentis toute mouillée dans certain endroit, & le feu qui me brûloit au-dedans avoit ſéché mes lévres, je le regardai avec des yeux éperdus. Ah, mon cher frere ! lui dis-je, à quoi nous expoſez-vous ? Il ſoûrit tendrement, me prit la main, & me quitta.

AGNE'S.

La pauvre enfant ! n'as-tu pas été bien fâchée, de ce que l'Office avoit été ſi-tôt fini ?

JULIE.

Badines donc toujours ; écoute-moi jusqu'à la fin, & ne m'interromps plus. Le lendemain il revint à la même heure, & il entra comme je commençois à m'assoupir, parce que j'avois fort peu dormi la nuit. Il tira doucement les rideaux de mon lit, & d'abord me voulant respecter, il se contenta de prendre sur ma bouche un baiser le plus légérement qu'il put; mais plein d'amour; & rien ne s'opposant à ses feux, il m'en donna mille tout de suite: il glissa sa main entre les draps, & me prit les têtons. Je me réveillai en sursaut, & je demeurai surprise au dernier point. Je voulus crier, mais il me ferma le passage de la voix d'un baiser brûlant. Ah! mon Frere, lui dis-je, quels sont vos desseins? retirez cette main téméraire. Ah! ma chere Julie, reprit-il, que vous êtes cruelle! Voulez-vous ma mort, n'aurez-vous point compassion d'un malheureux qui va expirer à vos yeux, ſi vous n'avez égard aux maux qu'il ſouffre. En finiſſant ces paroles il enfonça l'autre bien plus avant, & mit un doigt dans un endroit que tu connois auſſi-bien que moi. Le ſubtil mouvement de ce doigt me cauſa un chatouillement qui me ravit, le plaiſir me ſurprit, & enfin je répandis ſur ſa main une liqueur dont elle fut inondée. Ah ! ma chere Julie, s'écria-t'il amoureuſement, que je ſuis heureux, puiſque j'ai pu vous donner une teinture des biens que nous goûterions ſi vous m'étiez plus favorable. Pendant tout ce tems j'étois reſtée immobile & pâmée ; mes yeux étoient fermés, ma bouche étoit entre-ouverte, & je n'oſois plus le regarder. La pudeur faiſoit ſes éfets ordinaires. Lui, au contraire, ſe mettoit en devoir de ſe ſatisfaire, lorſque cette même pudeur & la honte ſe changérent ſubitement en colére, & me donnerent des forces pour me défendre courageusement. Je m'arrachai de ses bras. Allez, lui dis-je, ingrat, c'est trop m'outrager, ne paroissez jamais devant moi. Quelle insolence ? Est-ce ainsi qu'on doit agir avec une personne que l'on estime ? Il partit à ces terribles paroles, & me regardant avec des yeux où l'amour & le désespoir étoient peints, il se jetta à genoux, me demanda pardon de son entreprise, & il en marqua le plus sincere repentir.

AGNE'S.

Bon, que tu es simple. Ce n'étoit point de sa témérité qu'il se repentoit, mais bien plûtôt de n'avoir pû y mettre une fin heureuse. Tu le congédias donc ?

JULIE.

Oui, mais il ne sortit qu'après m'avoir fait promettre que j'oublierois ce qui venoit de se passer, & qu'il m'eût engagée par les priéres les plus pressantes à lui rendre mon cœur. Je ne pûs m'en défendre ; il me donna un baiser que je lui rendis aussi tendrement, & nous nous séparâmes. Aussi-tôt qu'il fût parti je fûs fâchée des peines que je lui avois causé.

AGNE'S.

Il étoit bien tems. Voila comme nous sommes toutes faites, nous nous défendons avec opiniâtreté, tandis que dans la fond nous serions bien-aises que cela fut. Quelle bizarrerie !

JULIE.

Il est vrai, mais que veux-tu ? on nous a tant prêché d'être sages, que l'on ne fait le premier pas qu'avec des craintes mortelles. De plus, certaine enflure qui peut survenir nous retient, & met des digues à l'impétuosité de nos désirs.

AGNE'S.

Tu as raison, & c'est le nœud de l'affaire, sans quoi tu verrois bientôt paroître une nouvelle secte de multiplians. Quels délices pour tant de filles aimables, d'un tempérament amoureux, qui souffrent dans les bornes & les chaînes cruelles que leur donne leur virginité ! Que d'envies ne sont point étouffées, que de désirs cachés, que de passions contraintes ! Ah ! m'a chére, nous ne l'éprouvons que trop, & je te confesse que je ne suis point de celles qui en souffrent le moins.

JULIE.

Est-il possible que nous ne trouverons jamais de préservatifs contre ce mal dangereux.

AGNE'S.

Non, non, ne t'abuse point, rien ne peut empêcher les opérations de la nature, & nous ne serons que trop obligées de nous en tenir au triste godemichis ; c'est la chose du monde la plus insipide, si je m'imagine que ce n'eſt rien en comparaiſon de la piéce d'introduction virile.

JULIE.

Ah, ah, ah... que tu es folle; quel nom viens-tu de donner à cette partie de l'homme? je t'aſſûre qu'il eſt nouveau, & la Mere Vitaline & la Cunegonde qui les ſavent tous, ne connoiſſent certainement point encore celui-ci.

AGNE'S.

Quand des mots nous paroiſſent obſcènes, il en faut purifier l'in.... gruité, en leur donnant une tournure telle qu'ils puiſſent être prononcés ſans bleſſer les oreilles chaſtes.

JULIE.

Je vois bien que tu ſuis la maxime de ſœur Dorothée, qui l'orſqu'elle parle de ſon Confeſſeur, ne dit jamais que mon Feſſeur; du Vicaire, le Caire; du Curé, le Ré: quelle ſimplicité! & quelle hipocriſie! tandis que la Sainte-ni'touche ſe trouve tous les jours au parloir avec frère Conrard ; & je l'y ſurpris l'autre jour qui ſe prêtoit le mieux qu'elle pouvoit à travers la grille.

AGNE'S

Julie, tu es médiſante, tu n'en parle que par envie ; car en bonne foi, toi même ſerois-tu bien-aiſe qu'on t'interrompit dans une telle occupation : vas, ma chere, il faut plus de charité pour ſon prochain.

JULIE.

C'eſt que je ne peux m'empêcher d'éclater, quand je vois & j'entends de pareilles ſottiſes.

AGNE'S.

Mais revenons au frere Côme, quand reviendra-t-il ? Je m'intéreſſe pour lui, & je ſuis tellement portée à lui rendre ſervice, que ſi tu continuë à le traiter cruellement, j'aporterai tous mes ſoins pour le faire re-

venir de la paſſion qu'il a pour toi, & je le vangerai de tes mépris.

JULIE.

Tu te trompe, je ne le mépriſe point, & je te prie de ne pas prendre ſes intérêts avec tant de chaleur; car toutes bonnes amies que nous puiſſions être, cela ne m'accommoderoit point; cherche ailleurs, & laiſſe-moi mon Carme, tu es aſſez aimable pour faire une conquête, & avec l'eſprit que tu as, tu ſauras bientôt charmer quelque aimable Frère. Pour le mien, je ſouhaite bien fort qu'il revienne, & je me ſens diſpoſée à le traiter plus humainement que la derniére fois. Je lui veux, cependant, laiſſer faire toutes les avances, & je ne me rendrai que ſur les fins. Je me défendrai peut-être encore plus que je ne penſe. Adieu, ma chere, la premiére fois que je pourrai t'entretenir, peut-ètre t'aprendrai-je bien des choſes.

AGNE'S.

Je le ſouhaite pour peu qu'elles te faſſent plaiſir. La cloche ſonne, on va à l'Office. Adieu.

DEUXIEME ENTRETIEN.

FRERE COME, SŒUR JULIE.

FRERE CÔME.

BON jour, ma très-chere Sœur.

JULIE.

Je vous ſalue, mon cher Frere. Je ſuis depuis hier dans une inquiétude extrême : vous veniez me viſiter tous les jours, & il y en a quatre que je ne vous ai vu.

FRERE CÔME.

Hélas ! cruelle, qui peut mieux en ſçavoir la cauſe que vous ? Ne m'avez-vous point deffendu de vous parler jamais ? quel étoit mon crime, pour m'ordonner une peine ſi rigoureuſe ? Eſt-on criminel pour être trop amoureux ?

JULIE.

Ah ! mon Frere, ne rappellez point à mon cœur un ſouvenir qui me tuë. Dieu ! que de combats n'a-t'il point ſouffert depuis votre abſence ! L'amour & la vertu ont long-tems diſputé. Le premier m'a fait ſentir ce qu'il a de plus tendre ; mais auſſi l'autre m'a ſoutenue dans des momens où toutes mes réſolutions étoient prêtes à s'évanouir. Je me rappellois ces inſtants paſſionnés, où me livrant trop à vos tranſports, je touchois au moment qui m'alloit voir céder à l'impétuoſité de vos déſirs ; j'étois hors de moi-même &

& je vous désirois, je brûlois : hélas ! disois-je, loix de l'honneur que vous êtes barbares ! Vertu cruelle, destin fatal, que ne me laissez-vous ! Pourquoi résistez-vous au feu d'un homme qui m'adore ? d'un tendre Amant qui ne vit que pour moi ? Oui, disois-je avec un soupir, il a de la probité, j'en suis persuadée, & ses sermens sont inviolables : mais, reprenois-je aussitôt, malheureuse Julie, quels sont tes égaremens ! dans quel abîme de maux vas-tu te précipiter ! Il est vrai, ton Amant est aimable, il est charmant ; mais qui peut te répondre de sa constance ? de plus, quand elle seroit éternelle, si tu te livres à sa flamme, à quel danger ne t'expose-tu pas ? quelle suite de peine & de honte ne suivront point tes plaisirs ? Tu veux donc te couvrir d'infamie ?

FRERE CÔME.

Arrêtez, ma chere Julie, cessez d'être ingénieuse à vous tourmenter; écoutez encore une fois un homme qui va mourir à vos yeux, si vous vous obstinez à lui plonger le poignard dans le sein par vos cruautés.

JULIE.

Hélas! mon Frere, que voulez-vous de moi? Juste ciel! pourquoi m'êtes-vous si cher?

FRERE CÔME.

Puisque vous m'accordez cette grace, permettez, aimable Julie, que je remette à votre mémoire le commencement de mes feux, & ce qui les fit naître? L'heureux jour que Madame l'Abbesse m'envoya chercher pour la saigner, fut celui où je commençai à porter des chaines. J'avois résisté courageusement aux attaques que les beautés de nos sœurs avoient données tant de fois à mon cœur: toûjours ferme & insensible , je menois une vie farouche & austére. L'esprit tentateur ne s'étoit fait sentir que pour me faire triompher ; aussi est-ce le tems où j'ai été réellement dévot. Mais dès que j'eus reconnu vos attraits , j'apperçus l'abus dans lequel je vivois ; des réflexions sur des superstitions , l'Ignorance , & les Momeries de mes frères me firent ouvrir les yeux ; je dissipai les ténebres , je détestai mon erreur , & je résolus de profiter du tems de la jeunesse, dans lequel on est fort & vigoureux. Je n'avois encore porté que la haire & le cilice ; la discipliсe la plus cruelle outrageoit journellemant mes épaules ; les jeûnes & les mortifications alteroient ma vigueur , & je m'enterrois pour ainsi dire tout vivant. Mais quelle différence ! dès que j'eûs le bonheur de vous voir , je ne songeai qu'à conserver des jours qui ne devoient plus être consacrés qu'à l'amour. Je fis serment de ne vivre désormais que pour vous ; mes peines & mes plus grands chagrins ne furent plus que votre absence ; mes yeux parlérent, se plaignirent, & furent écoutés. La simpathie, ainsi que vous me l'avez dit depuis, fit sentir à nos ames ses merveilleux effets, & nous ne vécûmes plus que l'un pour l'autre. Vous suivîtes, ma chere Julie, cette excellente maxime du Cloître qui est, de ne point faire languir un amant quand il a le don de plaire, la dissimulation n'agissant jamais entre nous pour un tel sujet, & nous fûmes d'accord à la premiére entrevûë. La liberté que j'ai d'entrer dans le Couvent & de visiter les sœurs, fut pour moi le plus grand avantage ; j'en profitai, & vous me permîtes de vous voir autant que l'occasion s'en présenteroit. *Enfin* nos feux s'allumérent réciproquement,

JULIE.

Ils ne le ſont que trop. Juſte Ciel ! Je tremble & mon aveugle tendreſſe me fait frémir.

FRERE CÔME.

Quoi, mon bel Ange ! Vous repentez-vous d'y avoir répondu ? Que faut-il pour mériter votre retour ? Revenez d'un préjugé qui nuit au repos de votre vie. Rendez heureux le plus tendre & le plus conſtant des hommes.

JULIE.

Que faut-il donc encore, ingrat ? N'ai-je point tout fait pour vous. Vous ai-je refuſé toutes les faveurs que l'on peut accorder ſans intéreſſer l'honneur. Lorſque quelque fois à mes genoux j'entendois vos ſoupirs, ne vous donnois-je point mille marques d'un amour auſſi ardent que le vôtre ! Ne vous rendois-je pas ces baiſers brûlans avec les plus vifs tranſports.

FRERE CÔME

Souffrez, ma chere Julie, que j'en prenne un ſur ces lévres de roſe; vous ne ſauriez me défendre ce que vous m'avez accordé tant de fois.

JULIE.

Il m'embraſſe. Ah! je n'en puis plus; retirez-vous. Vous me tuez; mais où portez-vous cette main? De grace, mon cher amant, retirez-la.

FRERE CÔME.

Adorable Julie, liſez dans mes yeux la violence du feu qui me dévore. Je meurs à vos genoux, ſi vous n'avez pitié de moi. Où ſuis-je! Je ſuis hors de moi; que de beautés s'offrent à ma vûë!

JULIE

Finiſſez, mon Frére; en vérité vous me mettez dans un état.... ſi quelqu'un nous ſurprenoit, nous ſerions perdus.

FRERE CÔME.

Non, non ne craignez rien; toutes les Dames ſont au Chœur, & je bénis le ciel de ce que ſous prétexte d'une feinte indiſpoſition j'ai le bonheur de me trouver tout ſeul avec vous.

JULIE.

Vous êtes trop dangereux. Je vous prie de ne plus venir à cette heure. Retirez-donc cette main, que veut-elle ?

FRERE CÔME.

Que vous êtes diſſimulée ! Ne pénétrez-vous pas, & ne connoiſſez-vous pas ſes deſſeins auſſi-bien que moi ? Laiſſez-la faire.

JULIE.

Non, je ne le ſouffrirai jamais. Mais elle gagne la place. Eh bien ! mon frére, quand vous aurez pris ce que vous déſirez.... Ah Dieu ! vous me bleſſez.

FRERE CÔME.

Pourquoi vous défendre ? J'y ſuis, je les tiens, ces charmans tétons. Qu'ils ſont fermes & ronds ! Ah ! qu'une gorge de vingt-ans eſt quelque choſe d'admirable ! C'eſt l'âge où elle eſt dans ſa perfection. Quelle blancheur ! Ah ! ma ſœur, je ſuccombe, quel feu ſaiſit mes ſens ? Hélas.

JULIE.

Que je ſuis fachée de vous avoir accordé cette faveur ! Cela vous met dans un état qui me donne tout lieu de craindre pour moi-même. Comme vous me chatoüillez le petit bout ! Ah... Ah !

FRERE CÔME.

Sentez-vous quelque plaiſir, ma très-chere ? Je ne cherche qu'à vous en procurer.

JULIE.

Frére Côme, vous êtes bien ſubtil ; vos vûës ſont bien interreſſées. Vous ne m'en donnez qu'afin que je vous en procure davantage.

FRERE CÔME.

Votre prévoïance & votre pénétration ne ſont plus ici placées. Croyez moi, profitons du tems favorable, nous avons encore une bonne heure à nous, ainſi nous n'avons rien à craindre ; permettez-moi de lever tous les obſtacles qui s'oppoſent à notre commune félicité.

JULIE.

Envain voulez-vous me ſéduire ! tous vos diſcours ſont inutiles.

FRERE CÔME.

Ah ! barbare dans quel déſeſpoir me précipitez-vous ? Que je ſuis malheureux, cruelle, de vous avoir connuë ! Mais que dis-je ? c'eſt moi qui ai tort, je ſuis coupable. Percez ce cœur, n'épargnez point des jours deſtinez à être miſérables. Quelle vie languiſſante ne vais-je pas mener, ſi vous n'accordez point à ma flamme le moïen de la calmer ! L'hymen peut-il nous unir ? Sommes nous dans le monde ? un cloître affreux ne doit-il pas être notre azile tant que nous verrons la lumiére ? ne ſommes nous nés que pour être malheureux ? ſerons nous les victimes de la cagoterie ? Revenez d'une prévention où la superstition vous a jettée, mais que j'ai bannie pour jamais de mon esprit. Ne sommes-nous point l'ouvrage de l'être éternel ainsi que les gens du monde ? Comment ? parce que l'avarice de nos parens les a engagé à séduire notre enfance pour captiver nos corps, il faudra nous priver des biens qu'ils goûtent & que l'amour nous offre ? Abus, ma chere Julie, ne soyons point assez aveugles pour nous laisser préocuper d'une pareille chimére : jouissons des plaisirs de la vie ; le cloître est leur séjour quand on sçait le goûter, il ne s'agit que de cacher les apparences; c'est là où l'on voit triompher le Dieu des cœurs. Ses douceurs sont plus parfaites par les obstacles & les difficultés qui s'y opposent ; aussi sont-elles infinies quand on sçait les lever, & l'on coule les jours les plus charmans.

JULIE.

Ah ! mon cher frére, que vos instructions sont salutaires ! Déjà je vois dissiper les ténébres qui obscurcissoient mes yeux., mon esprit est embelli d'une nouvelle intelligence , il se détache insensiblement de toutes les absurdités dont il étoit obsédé ; le flambeau de l'amour m'éclaire, mon cher frere, je me rends.

FRERE CÔME.

Je suis ravi de vous voir dans de semblables dispositions.

JULIE.

Mais il me survient une pensée qui combat encore furieusement : écoutez. Quand nous aurons joint nos cœurs, & que libre de goûter tous les plaisirs vous posséderez ce que j'ai de plus cher, les suites n'en seront-elles point à craindre ? l'appréhension ne vous paroît-elle pas juste ? qu'en dites vous ?

FRERE CÔME.

Oüi, mais elle cessera bien-tôt, par ce que je vais vous dire. Les connoissances que j'ai acquises dans mon art, me serviront pour vous mettre à l'abri de tout inconvéniens ; jamais de petits indiscrets ne viendront trahir ni troubler notre tendre commerce.

JULIE.

Mais comment vous y prendrez-vous, pour empêcher la nature d'agir ? Car il est certain que nous sommes faits comme les autres, & que je ne pourrois être entre vos bras sans tomber dans ces charmans transports, pendant lesquels je crois que ces petits indiscrets, comme vous venez de dire, prennent forme, & je préfererois la mort la plus cruelle à l'ignominie qui me couvriroit le reste de ma vie, si j'en mettois un au monde.

FRERE CÔME.

Je sai un moyen infaillible pour l'empêcher.

JULIE.

Quel eſt-il ? ne ſeroit-ce pas par la vertu de certaines herbes ? Oh ! non, je n'y conſentirai jamais. Ce ſeroit offenſer *Dieu mortellement*. Non, non, mon frere, je n'y conſentirai jamais.

FRERE CÔME.

Que de foibleſſe ! quels ſcrupules ! quoi vous en venez encore à une dévotion mal placée, elle n'a que faire ici : encore un coup, ma chére Julie, banniſſez-là comme une choſe inutile, & ne m'interrompez plus ; j'ai d'autres moyens plus naturels & beaucoup plus certains. Les herbes & les ſimples dont vous me parlez, ont en effet la vertu de tranquiliſer les femmes & les filles, mais je me donnerai bien de garde d'y avoir recours. Vous m'êtes trop chére, pour hazarder & expoſer vos jours au ſuccès dangereux & douteux de l'effet qu'elles produiroient. Les ſimples en annéantiſſant le fœtus peuvent cauſer la mort à la mére, ou du moins traînent après elles des ſuites funeſtes, comme des maladies terribles, ou les remors d'avoir fait périr une malheureuſe petite créature que l'amour à fait naître & que le cruel honneur vient détruire. Non : mes remédes ſont plus ſûrs & plus doux, & vous en conviendrez, ma chére Julie, quand vous les connoîtrez. Je veux que vous me ſçachiez gré de vous avoir donné connoiſſance de choſes ſi néceſſaires au repos des heureux amans, & ſi favorable aux plaiſirs des ſens.

JULIE.

Pourquoi différez-vous donc tant à me les aprendre ces ſécrets merveilleux ? Vous m'en donnez une idée ſi avantageuſe, que je brûle déjà de les ſavoir. Contentez-moi, mon cher frere.

FRERE CÔME.

Quelque ſublime & élevée que puiſſe être cette matiére, je ne doute point que votre eſprit ne la conçoive facilement, & les choſes les plus abſtraites pour les perſonnes de votre ſexe, ne ſont pour vous que ſimples & faciles à développer : je commence, ne perdez point un mot de mon diſcours, je le vais rendre le plus ſuccinct que je pourrai, car les momens ſont chers ; & comme je ne doute point de vous perſuader, j'eſpére que l'éxécution & l'eſſai ſuivra de près les paroles.

* Quand l'être ſuprême forma nos premiers peres, il leur donna la faculté de produire leurs ſemblables. Cette production ne ſe peut faire qu'en ſe joignant amoureuſement par le moyen de ces deux voluptueuſes parties dont nous ſommes pourvûs l'un & l'autre, qui ſont les inſtrumens de génération, que l'on appelle dans l'homme le... & dans la femme le...

* *Nota.* C'eſt un Chirurgien qui parle.

Il annexa à cette jonction le plus parfait des plaisirs, afin de les engager à se joindre avec plus d'ardeur pour multiplier & donner des habitans à l'univers ; & pour dédomager la femme des peines qu'elle souffre dans l'enfentement, il rendit sa partie beaucoup plus sensible au chatoüillement ; aussi ressent-elle un plus grand plaisir que l'homme dans ce que l'on nomme l'amoureux déduit.

Pour parvenir à engendrer, il ne suffit pas seulement de mettre ces parties l'une dans l'autre, il faut encore qu'il sorte de celle de l'homme une certaine liqueur visqueuse & subtile, qui, par les esprits qui en exhalent, forme l'enfant, lorsqu'elle est reçue dans la matrice de la mere.

C'est donc cette liqueur même, qu'il s'agit en cette occasion de détourner, puisque ce n'est qu'elle qui cause cette enflure importune, & trouble les délices des plus tendres cœurs. Il eſt vrai que bien des hommes n'ont pas aſſés d'empire ſur eux-mêmes, pour ſe retirer de cette charmante fournaiſe, lorſqu'elle nous excite par ſa chaleur à réſoudre les humeurs. Le plaiſir eſt ſi grand, les tranſports ſi violens, qu'on s'abandonne & qu'on ſe livre ſans réſerve aux biens parfaits dont nous comble l'objet de nos déſirs. Mais quand on l'adore, ce charmant objet, qu'on l'eſtime, & qu'on veut le ménager, il eſt néceſſaire de conſerver un abſolu pouvoir ſur ſes ſens & de lui procurer les douceurs de l'amour, ſans qu'il ſe repente de nous avoir accordé ſes faveurs. J'ôſe bien vous répondre de moi, ma chere Jului, je vous aime trop pour vous expoſer au moindre danger. Les complaiſances que vous aurez pour moi ſeront un motif pour m'engager à la plus ſincére reconnoiſſance. A Dieu ne plaiſe, que pour me ſatisfaire, je vous cauſe la moindre peine !

JULIE.

Mais, mon cher, ce que vous venez de me dire, eſt-il bien vrai, ne m'en impoſez-vous point ?

FRERE CÔME.

Ah ! cruelle Julie, c'eſt m'outrager trop ſenſiblement. Quoï ? vous pouvez douter un moment de ma ſincérité ?

JULIE.

Pardon, mon cher amant, le plus doux baiſer va te recompenſer, excuſe une amante incertaine : ah ! c'eſt aſſez combattre, fais, je me livre à toi ; mais ſera-tu conſtant ? ſera-tu fidéle ? Tes yeux me diſent oui.... Allons, j'y conſens, je me ſacrifie, fais..... Mais que dis-je ? je ſuis troublée, je n'en puis plus.

FRERE CÔME.

Quoi ? vous vous laiſſez aller entre mes bras, ma chere Julie ; quel bonheur eſt comparable au mien ! Amour tu me combles de tes bienfaits.

JULIE.

Que faites-vous, cher amant ? Ah. !... Ah !... je ſuis morte ; comment ? vous me jettez ſur le lit ; non, non. Cela....

FRERE CÔME.

Pourquoi vous défendre encore ? Eſt-ce ce que vous venez de me dire il n'y a qu'un inſtant ? Mais Dieux ! que de beautés s'offrent à ma vûe ! quelles cuiſſes ! que ſens-je ! que tiens-je dans mes mains ? le joli petit duvet, il eſt plus noir que le jais : ce lieu eſt plus vermeil que la roſe. Que je le baiſe. Ecartez-vous, ma chere Julie, ôtez donc votre main. Sentez-vous.....

JULIE,

Ah ! retirez ce terrible inſtrument. Qu'il eſt brûlant.

FRERE CÔME.

Au contraire, ſaiſis-le bien, mon cher cœur, conduis-le toi-même dans ſon Palais, où il doit être la victime du ſacrifice que nous offrons à l'Amour.

JULIE.

Ah ! comme tu le pouſſe ! non, jamais il n'entrera : veux-tu me fendre ? Oh ! . . . . . quelle douleur vous me faites ! Eſt-ce là, méchant, le plaiſir que tu me faiſois eſpérer ? . . . . . Ah ! de grace retire-toi, mon amour, tu me créves, ah . . . . .

FRERE CÔME.

Ah ! je ſens qu'il entre, ma chere, embraſſe-moi, ſerre-moi étroitement, donne-moi un baiſer ; tes levres ſont brûlantes, & . . . . . je ne me connois plus.

JULIE.

Ah ! mon Frere, qu'eſt-ce qui coule donc de chez moi ? quel raviſſement ! Eh . . . . Eh . . . . Eh . . . . tu me tue . . . .

ar.... rête, je me.... meurs.

FRERE CÔME.

Enfin me voila entré victorieux dans la Place; quelle douleur de m'en retirer ſans y laiſſer des marques de ma victoire! Mais, ma chere, il le faut, je m'y ſuis engagé; privons-nous du dernier excès de plaiſir, pour nous en procurer un plus durable. Je ne me retire cependant qu'à condition que ta main achevera le reſte.

JULIE.

Tu me l'as promis, mon cher, n'abuſe donc point de la facilité que j'ai eue à t'accorder ce que tu déſirois; ménage ta tendre Julie, qui ne veut plus être deſormais qu'à toi: je conſens d'achever, mais montre-moi comment il faut faire. Mais qui te preſſe de te retirer ſi vîte, crains-tu de me faire du plaiſir?

FRERE CÔME.

Non, mais je crains de t'innonder;

car en parlant je . . . . dé . . . .

JULIE.

Avec quelle impétuoſité te retires-tu ?

FRERE CÔME.

Ah ! . . . . je décharge.

JULIE.

Ah ! tu me ſubmerge, je ſuis toute mouillée. Quoi ? c'eſt donc là cette liqueur dont tu viens de me parler ? j'en ſuis toute perdue. En vérité, il faut, mon cher, que je t'aime bien, pour ſouffrir toutes ces choſes.

FRERE CÔME.

Regrette-tu le plaiſir que tu m'as donné, & toi-même n'en as-tu pas ſenti ?

JULIE.

Oui, mais ce n'a été que ſur les fins, car au commencement la groſſeur de ce que tu ſais bien, m'a fait un mal horrible, je ſuis toute déchirée : je ne ſai même s'il n'y a pas du ſang à ma chemiſe ; car j'ai ſenti une vive douleur dans les premiers coups ; cela me cuit encore bien fort.

FRERE CÔME.

Va, ma chere enfant, cela ne durera pas, le paſſage eſt fait, & c'eſt lui qui nous conduira au vrai bonheur. Il faut avoir un peu de peine avant que d'arriver à la ſouveraine félicité ; elle ſera durable, un ſort fortuné ſe préſente à nous, l'amour ſe prépare à nous combler de ſes faveurs, & nous pourrons dire enſemble ces quatre vers :

L'amour contente nos déſirs,
Nous portons ſes plus douces chaînes ;
Et ſans reſſentir ſes peines,
Nous goûtons tous ſes plaiſirs.

Qu'on eſt heureux, ma chere amie, quand on peut dire ces tendres paroles ! La vie alors n'eſt plus qu'un tiſſu de délices .... Mais j'entends quelque bruit ; on ſort du Chœur, je te quite. Adieu, ma chere Amante, reçois ce baiſer pour gage de ma tendreſſe. Adieu : quil eſt cruel de ſe ſéparer au milieu des plaiſirs. Adieu encore une fois.

JULIE.

Encore un petit baiſer, mon Amant : mais reſte un inſtant. Cependant non... vas.... que je m'ennuierai quand je ſerai ſeule ! je ne ſai qu'une choſe pour me conſoler, c'eſt de me repaſſer tout ce que nous venons de faire. Mais hélas ! tu n'y ſeras point. Adieu, mon bel Amant.

FRERE CÔME.

Adieu ..... Adieu Julie, mon ardeur t'aſſure du retour le plus prompt qu'il me ſera poſſible, & d'un dédommagement proportionné à l'ennui que mon abſence te va cauſer.

FIN.

www.ingramcontent.com/pod-product-compliance
Ingram Content Group UK Ltd.
Pitfield, Milton Keynes, MK11 3LW, UK
UKHW020443180726
13839UKWH00004B/1593